Die lehrbuch-unabhängigen Materialien

DEUTSCH MIX

Basiswissen Grammatik

Auf einfache und unkomplizierte Art vermittelt diese Reihe neue und traditionelle Regeln. Das Nachschlagewerk ist geeignet ab Klasse 5 und für alle, die sich einen klaren und strukturierten Überblick verschaffen wollen. Abgestimmt dazu gibt es zwei Übungshefte, in denen der Stoff vertieft und geübt werden kann.

Arbeitshefte zur Rechtschreibung und Zeichensetzung

Die Neubearbeitung bietet

- ein systematisches Übungsangebot in reformierter Rechtschreibung
- Lerneinheiten, die zur orthographischen Selbständigkeit der Schülerinnen und Schüler führen
- drei Lernstufen
- eine motivierende grafische Gestaltung
- Lösungsmarken zur Eigenkontrolle

Die Hefte sind einsetzbar als Hauptkurs im Unterricht, als zusätzliche Lernhilfe, für die Freiarbeit oder für die eigenständige Arbeit zu Hause.

Fit in Diktaten

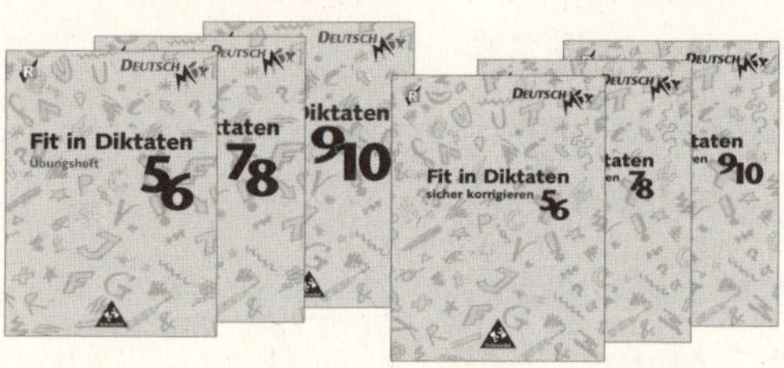

Diese Reihe bietet für die Klassenstufen 5 - 10 Arbeitshefte zur Rechtschreibung. Hier finden Sie pfiffige Texte, vielfältige Übungen, Lückentexte, Partner- und andere Diktate sowie diverse Aufgaben zu den neu formulierten Regeln. Die Lösungen und zusätzliche Texte zum Diktieren sind jeweils in den Heften "Fit in Diktaten – sicher korrigieren" enthalten. Dabei werden alte und neue Schreibweisen übersichtlich gekennzeichnet.

Die grundlegende Neubearbeitung des "Essner/Jungke" – mehr als ein Wörterbuch!

Im Wörterbuch finden Sie:

- ein komprimiertes Wörterverzeichnis: so viel wie möglich, aber nicht mehr als nötig
- die neuen Rechtschreibregeln, verständlich formuliert und mit Beispielen
- Konjugationstabellen, Zusammenfassung der grammatischen Fachwörter
- Infokästen für schwierige Wortfelder
- farbige Unterlegungen für Wortverbindungen oder Wortzusammensetzungen mit Verben

Das Übungsheft dazu bietet:

- Übungen gezielt zu den Änderungen durch die neue Rechtschreibung

DeuMixB

Schroedel Verlag GmbH
30517 Hannover

Schroedel

Telefon (05 11) 83 88 - 0
Telefax (05 11) 83 88 -280
Internet: www.schroedel.de

Das Diktat

Schlechtgelaunt kroch Katja aus ihrem Bett,	Schlecht gelaunt
nachdem der Wecker bereits zum dritten Mal	
geklingelt hatte. Eigentlich wollte sie heute	
überhaupt nicht zur Schule gehen. „Ich glaube,	
mir ist ein bißchen schlecht“, sagte sie leise zu	bisschen
ihrer Mutter, die gerade das Frühstück machte.	
„Das glaube ich dir nicht im geringsten!	im Geringsten
Genaugenommen willst du dich nur vor dem	Genau genommen
Diktat drücken“, antwortete die Mutter	
gnadenlos. Diese Roheit konnte Katja nicht	Rohheit
begreifen.	
Stumm schlürfte sie ihren heißgeliebten Tee.	heiß geliebten
„Du bist doch ein As in der Rechtschreibung“,	Ass
meinte Katjas Mutter aufmunternd, „und	
ausserdem hast du gestern Abend alles	|R
wichtige wiederholt!“ In ihrer Phantasie hatte	|R auch: Fantasie
Katja sich bereits ausgemalt, dass das Diktat	
aus allen möglichen Gründen ausfallen könnte.	
Als Katja mittags nach Hause kam, strahlten	
ihre Augen wie blankpoliert. „Na, war Frau Föhn	blank poliert
etwa krank?“, fragte die Mutter. „Nein“, rief	
Katja gutgelaunt, „aber das Diktat war	gut gelaunt
garnicht schwierig! Heute Morgen war ich	|R
wirklich viel zu ängstlich!“	

Sabine Koch

Fit in Diktaten

sicher korrigieren 5/6

Schroedel

Sabine Koch

Fit in Diktaten
sicher korrigieren 5/6

Neue Rechtschreibung

Dieses Werk folgt der reformierten Rechtschreibung und Zeichensetzung. Ausnahmen bilden Texte, bei denen künstlerische, philologische oder lizenzrechtliche Gründe einer Änderung entgegenstehen.

RECYCLING

Gedruckt auf umweltfreundlichem Recycling-Papier (100 % Altpapieranteile)

ISBN 3-507-41703-0

Druck A 9 8 7 / Jahr 2005 04 03 02

Alle Drucke der Serie A sind im Unterricht parallel verwendbar, da bis auf die Behebung von Druckfehlern untereinander unverändert. Die letzte Zahl bezeichnet das Jahr des Druckes.

Umschlaggestaltung: Creativ Design, Hildesheim
Lay-out und Satz: Jesse Konzept und Text GmbH, Hannover
Druck: Oeding Druck und Verlag GmbH, Braunschweig

Inhaltsverzeichnis

Vorwort

Die Übungen in diesem Band sind ausgerichtet auf die Neuregelung der deutschen Rechtschreibung (Rechtschreibreform), die durch die „Wiener Absichtserklärung" vom 1. Juli 1996 beschlossen worden ist. Diese neue amtliche Regelung gilt für den gesamten deutschsprachigen Raum, neben Deutschland, Österreich und der Schweiz haben auch Liechtenstein sowie einige Staaten mit Deutsch sprechenden Minderheiten die Neuregelung unterzeichnet. Sie ersetzt die bisherigen „Regeln für die deutsche Rechtschreibung nebst Wörterverzeichnis", die seit 1902 gültig waren.

Spätestens am 1. August 1998 soll die Reform im deutschen Sprachraum wirksam werden. Für ihre Umsetzung ist eine Übergangszeit bis zum 31. Juli 2005 vorgesehen. Danach gelten alle die bisherigen Schreibungen als falsch, die durch neue ersetzt worden sind. Der Text der Neuregelung ist 1996 erschienen unter dem Titel: „Deutsche Rechtschreibung. Regeln und Wörterverzeichnis. Text der amtlichen Regelung." (Gunter Narr Verlag, Tübingen)

Der „Teil I: Regeln" ist auch abgedruckt in den Rechtschreibwörterbüchern aus dem Duden Verlag und dem Bertelsmann Lexikon Verlag. Das Wörterverzeichnis der Neuregelung, Teil II, enthält ca. 12000 Stichwörter. Das entspricht in etwa einem Zehntel der Menge, die die Rechtschreibwörterbücher des Deutschen enthalten. Die Neuregelung gibt also im Wörterverzeichnis nur einen Rahmen vor, Details überlässt sie den Wörterbuchverlagen. Unstimmigkeiten sind bereits aufgetaucht und haben in der Öffentlichkeit zur Kritik an den Rechtschreibwörterbücher geführt. Ein vollständiges amtliches Wörterverzeichnis hätte geholfen, Unsicherheiten in der Anwendung der neuen Regeln zu vermeiden. Nachbesserungen sind unerlässlich, sie müssen von der Kommission für Rechtschreibfragen vorgenommen werden, die beim Institut für deutsche Sprache eingerichtet wird. Deren Aufgabe wird es auch sein, die Zweckmäßigkeit der Neuregelung und ihre Durchsetzbarkeit zu prüfen.

An Kritik an der neuen Orthographie hat es bisher nicht gemangelt. Doch wie man auch zur Reform steht, Tatsache ist, dass sie nun amtlich beschlossen ist und damit für Schulen verbindlich wird. Für Lehrerinnen und Lehrer ist die Umstellung auf die neue Rechtschreibung mit zusätzlicher Arbeit verbunden, sie müssen sich die Regeln und ihre Ausführung aneignen, das Korrigieren von Texten wird aufwändig und mühselig. Was ist neuerdings richtig, was ist in der Übergangszeit noch nicht falsch, und was ist zukünftig gleichermaßen – nebeneinander – richtig?

Dieser Band will für das Lehren der neuen Rechtschreibung handfeste Hilfestellung geben. Die Übungen und Diktate sind aber nicht nur auf die Felder der Rechtschreibung ausgerichtet, in denen sich etwas ändert.

Zuerst wird die Laut-Buchstaben-Zuordnung behandelt, wobei der Gebrauch von s, ss und ß einen inhaltlichen Schwerpunkt bildet. Dann folgt die Groß- und Kleinschreibung.
Getrennt- und Zusammenschreibung bildet den dritten Komplex, teilweise geht dieser Bereich mit Veränderungen der Groß- und Kleinschreibung einher. Bisher: radfahren, nun: Rad fahren.
Bei der Zeichensetzung, dem vierten Schwerpunkt dieses Bandes, liegt das Hauptaugenmerk auf den Kommaregeln. Die Reform hat die Verwendung der Kommas zwar liberalisiert, doch sind die neuen Regeln gerade ihrer vielen Alternativen wegen gewöhnungsbedürftig. Der dritte Bereich der amtlichen Regelung, Schreibung mit Bindestrich, wird nicht eigens behandelt, sondern nur gelegentlich gestreift. Kaffeeersatz oder Kaffee-Ersatz, Altbauerhaltung oder Altbau-Erhaltung – die Neuregelung lässt Spielraum zur Gestaltung von zusammengesetzten Wörtern.
Die Worttrennung am Zeilenende wird als fünfter Bereich behandelt.
Aufgaben zur Wiederholung bieten abschließend Gelegenheit, das Erlernte anzuwenden und zu überprüfen.
Im Lehrerband werden alle die Formen hervorge-

hoben, nach denen im Schülerband gefragt wird.

- Wenn sie nicht von der Neuregelung betroffen sind, werden sie lediglich unterstrichen: irgendwann
- Ändert sich die Schreibung, werden die neuen Formen immer **halbfett** wiedergegeben: **Irgendjemand**
- Die bisher gültige, ab 2005 unrichtige Form wird in Klammern angeführt: (irgend jemand)
- Konkurrierende Schreibungen, die zahlreich vorkommen, werden mit einem Querstrich hinter der neuen Form in *kursiv* notiert: **Panter**/ *Panther*
- Die neu geregelte Form steht immer an erster Stelle, ohne Rücksicht darauf, ob sie in einigen Bundesländern als Nebenform gesehen wird: **Orthografie** / *Orthographie.*

Im Bereich der Zeichensetzung sind die Kommas, die fakultativ gesetzt werden können, in Klammern gesetzt (,) um sie hervorzuheben. Nach wie vor obligatorische Kommas sind nicht eigens markiert, alte und neue Regelungen nicht extra ausgewiesen.

Im Schülerband sind allen Texten Arbeitsaufgaben vorangestellt. Diese sollen eine Konzentration auf die Fallgruppen ermöglichen und den Ablauf des Unterrichts auflockern. Die Texte sind alle eigens entwickelt. Sie können auch im Ganzen oder in Teilen diktiert werden. Das Üben der Fallgruppen könnte dadurch jedoch etwas erschwert, das Korrigieren der Schülerarbeiten sehr aufwändig werden.

Die Nutzung des Schülerbandes empfiehlt sich, weil das Neue so konzentrierter geübt werden kann und vor allem das Korrigieren einfacher wird.

Reine Diktiertexte sind als zusätzliches Angebot im Anhang dieses Bandes abgedruckt. Alle Schreibungen wurden anhand des Wörterverzeichnisses der amtlichen Regelung und der Rechtschreibwörterbücher von Duden und Bertelsmann unter Einbeziehung des Schroedel-Kompaktwörterbuches überprüft. Die Vorlage des amtlichen Wörterverzeichnisses ist (wie die ganze Neuregelung) nicht perfekt. Die Reihe „Fit in Diktaten" ermöglicht Ihnen, die neuen Regeln bewusst umzusetzen und kreativ mit der Rechtschreibung umzugehen.

Hinweis: Ein Vorschlag zur Korrektur von Texten findet sich im Anhang dieses Bandes (S. 43).

Seite 5 *Fallgruppe: s - Laute*

Hallo Nina,

heute schreibe ich dir einen geheimnisvollen Brief. Wir üben nämlich in der Schule die neue Rechtschreibung (,) und ich hoffe, **dass** (daß) du auch schon etwas darüber weißt.
Du merkst es schon: Beim Lesen sollst du aufpassen, ob in die Lücken **s**, **ss** oder **ß** eingesetzt werden **muss** (muß). Wenn du schon einige Kenntnisse hast, ist es gar nicht so schwer! Jetzt geht es richtig los, also viel Spaß!
Gestern saß ich im Klassenraum und aß mein Pausenbrot. Wir **mussten** (mußten) nicht nach draußen, weil es in Strömen **goss** (goß). Das **passte** (paßte) mir sehr gut, da ich schon seit Tagen husten und niesen **musste** (mußte). „Das Wetter ist einfach scheußlich", meinte auch meine Klassenkameradin Sandra. Sie erzählte mir sogleich von einem unangenehmen Erlebnis, das sie vorgestern hatte: Ihr Schlüssel war verschwunden! Sie hat ihn erst **vermisst** (vermißt), als sie das **Schloss** (Schloß) ihrer Haustür aufschließen wollte. Ihre Mutter war mit dem Bus in die Stadt gefahren (,) um ihren **Pass** (Paß) verlängern zu lassen. Was sollte Sandra nun bloß tun? Ihr brach vor Schreck der Schweiß aus. Als Erstes ging sie noch einmal durch alle Straßen und Gassen zwischen ihrem Haus und der Schule, doch die Suche verlief ergebnislos. Sandra **wusste** (wußte), **dass** (daß) sie nun einen **Entschluss** (Entschluß) fassen **musste** (mußte). Schließlich fiel ihr ein, **dass** (daß) Frau Stängel, die zuverlässige Nachbarin, einen Ersatzschlüssel hatte, weil sie immer die Blumen **goss** (goß), wenn Sandra und ihre Mutter verreist waren. Zum Glück war Frau Stängel zu Hause und konnte Sandra sogleich die Tür öffnen. Die beiden schauten sofort in alle Räume. Da, auf dem Fußboden im **Esszimmer** (Eßzimmer), blinkte der **vermisste** (vermißte) Schlüssel!
Sandra fiel ein Stein vom Herzen, denn nun war der ganze **Stress** (Streß) endlich vorbei. Das ist der **Schluss** (Schluß) der Geschichte! Schreibst du mir jetzt auch einen Brief mit Hindernissen? Darüber würde ich mich sehr freuen, denn wie du weißt, bin ich sehr **wissbegierig** (wißbegierig)!
Viele liebe Grüße,

deine Tina

(302 Wörter)

Seite 6 *Fallgruppe: s / ss / ß*

Der verdrossene Ferdi

Als am letzten Tag vor den Ferien der **Reißverschluss** (Reißverschluß) platzte, **wusste** (wußte) Ferdi, **dass** (daß) er einen **Entschluss** (Entschluß) fassen **musste** (mußte). Er wurde ganz **blass** (blaß), als er an sein **heiß geliebtes** (heißgeliebtes) Pflaumenmus, an riesige **Nusstorten** (Nußtorten) und große Kartoffelklöße mit saurer Sahnesoße dachte. Allerdings **passte** (paßte) ihm seine Lieblingsjeans schon lange nicht mehr (,) und seine schönste Weste saß so eng, **dass** (daß) er kaum noch atmen konnte. In seiner Klasse machten sich einige Jungen lustig über ihn, weil er beim Fußballspielen fast immer schnell aus der Puste kam. Das war sehr gemein, denn der arme Ferdi litt schon lange unter seiner Körperfülle. Wie ungerecht es doch war, **dass** (daß) Markus und Jens knusprige Kekse und andere Köstlichkeiten in Massen verspeisen konnten (,) ohne Gewissensbisse haben zu müssen! Nach der Schule tröstete sich Ferdi meistens mit einem Schokoladeneis, aber schließlich wurde er immer **missmutiger** (mißmutiger).

(136 Wörter)

halbfett → neu geregelte Wörter
/kursiv → weiterhin gültige Varianten
(...) → bisherige Schreibungen, die nach 2005 entfallen

Seite 7 *Fallgruppe: s / ss / ß*

Der vergnügte Ferdi

Ferdi war nun also fest entschlossen (,) etwas zu unternehmen. Als Erstes **presste** (preßte) er alle Süßigkeiten, die er in seinem Zimmer finden konnte, in eine Kiste, die er mit Klebeband **verschloss** (verschloß). Am Abend staunte seine Mutter, als Ferdi bloß einen Apfel aß. Das Leberwurstbrot **fasste** (faßte) er gar nicht erst an. „Willst du etwa abnehmen?", fragte Ferdis Mutter verblüfft. „Das sollte dich nicht verdrießen", meinte sein Vater, „denn es wäre das Beste, wenn wir alle ein **bisschen** (bißchen) Diät machen könnten!" Gesagt, getan. Nach den Sommerferien fühlte sich Ferdi viel besser. Die Kiste hatte er überhaupt nicht **vermisst** (vermißt), sondern vollkommen vergessen. Beim Fußballspielen raste er nun wie ein Wirbelwind über den Platz und **schoss** (schoß) tatsächlich die meisten Tore! Endlich machte ihm der Sportunterricht wieder Spaß . „Wie hast du das nur geschafft?", fragten ihn die anderen Kinder interessiert. „Mit eisernem Willen, Obst und Jogurt", antwortete Ferdi lachend.

(144 Wörter)

Seite 8 *Fallgruppe: s - Laute*

Verhaltensmaßregeln für die kalte Jahreszeit

Wenn es draußen gießt, müssen wir aufpassen, **dass** (daß) wir keine nassen Füße bekommen. Natürlich wissen wir auch, **dass** (daß) wir viel Gemüse essen und oft in frisches Obst beißen sollen (,) um uns vor einer Erkältung zu schützen. Eine heiße Tasse Tee mit Zitrone ist besser als süße Limonade! Süßigkeiten sollten sowieso nur in Maßen genossen werden.
Es ist weise, wenn du Menschenmassen meidest (,) und bei Begrüßungen **muss** (muß) nicht unbedingt die Hand gegeben werden. Wenn bereits die Nase läuft und der Husten rasselt, **muss** (muß) man auf Küsse verzichten!

(91 Wörter)

halbfett → neu geregelte Wörter
/kursiv → weiterhin gültige Varianten
(...) → bisherige Schreibungen, die nach 2005 entfallen

Seite 8 *Fallgruppe: (Doppel - s im Plural)*

Wenn du gute Ergebnisse erzielen willst,

wenn du Hindernisse nicht scheust,

wenn die Rechtschreibregeln nicht voller Geheimnisse für dich sind,

wenn du die wichtigsten Beschlüsse kennst,

wenn deine Hefte keine Risse haben,

wenn du gute Zeugnisse liebst,

dann bist du große Klasse!

Seite 9 *Fallgruppe: s - Laute*

Ein Gedicht

Mein Taschentuch hat viele Risse,
nur weil ich dich so sehr vermisse!

Nichts kann ich mehr genießen,
da ständig meine Tränen fließen!

Gefiel dir etwa nicht die Rose
in deiner vollen Eisteedose?

Du kannst mich doch dafür nicht hassen
und mich hier draußen stehen lassen!

Vorhin lief ich zum Kaufhaus Hase
und kaufte dort die schönste Vase.

Nun warte ich vor deinem Haus
und hoffe, du kommst gleich heraus.

Mein Hund wird dich bestimmt nicht beißen,
denn seine Leine kann nicht reißen.

Der Dackel sitzt auf meinem Fuß
und bellt dir einen lieben Gruß.

(96 Wörter)

halbfett → neu geregelte Wörter
/kursiv → weiterhin gültige Varianten
(...) → bisherige Schreibungen, die nach 2005 entfallen

Seite 10 *Fallgruppe: das oder dass?*

Ein Baby in der Familie (Teil 1)

Das neue Kind, das jetzt zu Bennis Familie gehört, heißt Linda. Benni findet das Baby, das er manchmal auf den Arm nehmen darf, eigentlich sehr süß. **Dass** (Daß) sich vieles verändert hat, seitdem Linda da ist, hat Benni schon deutlich gespürt. Natürlich wusste Benni, **dass** (daß) seine Mama ein Baby bekommt, denn das hatten ihm die Eltern schon vor einigen Monaten gesagt. Er hat sich aber nicht gedacht, **dass** (daß) das Baby, das so klein und harmlos aussieht, so oft schreit. Die Mutter hat Benni gesagt, **dass** (daß) Linda dann Hunger und Durst hat oder nur spielen will. Außerdem stinken die vollen Windeln. „Das war bei dir nicht anders", lacht dann immer Bennis Mutter. Das ist also alles ganz normal. Das Dumme ist nur, **dass** (daß) die Eltern viel weniger Zeit für Benni haben, weil sie sich um Linda kümmern müssen. Das ärgert Benni schon ein bisschen.

(142 Wörter)

Seite 11 *Fallgruppe: das oder dass?*

Ein Baby in der Familie (Teil 2)

In Bennis Klasse finden es alle toll, **dass** (daß) Benni eine Schwester bekommen hat. Meike, Tim und Andi haben sich das Baby schon angesehen. Sie waren so begeistert, **dass** (daß) sie jetzt auch eine kleine Schwester oder einen kleinen Bruder haben wollen. Das kann Benni sogar verstehen, denn Linda hat überhaupt nicht geweint, als die Kinder zu Besuch waren. „Das war echt schlau von ihr", sagt Benni missmutig zu seinem Onkel Peter, dem älteren Bruder seiner Mutter. „Ich musste mich auch erst an deine Mutter gewöhnen", erzählt Peter, „denn ich hatte nämlich geglaubt, **dass** (daß) ich mit meiner neuen Schwester gleich nach ihrer Geburt zum Spielplatz gehen könnte. **Dass** (Daß) das ein Irrtum war, habe ich natürlich ziemlich schnell eingesehen. Später war ich sehr stolz, **dass** (daß) ich meiner kleinen Schwester so viel erklären konnte, denn das hat mir richtig Spaß gemacht. Tja, Benni, du musst wohl noch ein bisschen Geduld haben, aber das wirst du schon schaffen, du großer Bruder!"

(155 Wörter)

Seite 12 *Fallgruppe: Laut - Buchstaben - Zuordnung, gemischt*

Buchstaben, Buchstaben

1. Das Lämmchen sieht gar nicht **belämmert** (belemmert) aus.
2. Im Überschwang seiner Gefühle umarmte der Prinz die schöne Gräfin; **überschwänglich** (überschwenglich) lobte er ihre neue Frisur.
3. Immer wenn ich an das Wort „Schnauze" denke, muss ich mich kräftig **schnäuzen** (schneuzen).
4. Patrick hatte bereits die meisten Platzkarten verteilt; nun überlegte er, ob er Tante Tilli zwischen Opa und Onkel Otto **platzieren** (plazieren) sollte.
5. Jeder Teilnehmer bekam eine Nummer; Nora **nummerierte** (numerierte) alle in alphabetischer Reihenfolge.
6. „Oh Glücksgöttin Fortuna", seufzt Herr Gernereich, „immer tippe ich im Lotto auf die falschen Zahlen. Kannst du mir nicht einen guten **Tipp** (Tip) geben?"
7. Obwohl der neue Lehrer etwas **tollpatschig** (tolpatschig) ist, finden ihn alle Kinder toll.
8. Der untere Teil des Gänseblümchens ist keine Stange, sondern ein **Stängel** (Stengel)!

Seite 13 *Fallgruppe: Dehnungs - h; (Übung 1)*

H – Quadrat

In dem folgenden Quadrat sind insgesamt 30 Nomen mit Dehnungs - h enthalten.

X	U	L	**Z**	**A**	**H**	**L**	O	L	**M**	**O**	**H**	**N**	P	I
Z	**K**	B	T	**G**	**E**	**F**	**A**	**H**	**R**	**O**	**H**	**R**	A	N
A	**O**	S	**B**	**O**	**H**	**N**	**E**	I	U	M	Ä	L	U	**W**
H	**H**	**W**	**O**	**H**	**N**	**U**	**N**	**G**	**S**	A	T	**G**	K	**A**
N	**L**	A	R	**F**	**A**	**H**	**N**	**E**	**C**	Z	**W**	**E**	I	**H**
N	S	D	**S**	**O**	**H**	**L**	**E**	X	**H**	I	**A**	**F**	O	**L**
P	T	**F**	**A**	**H**	**R**	**R**	**A**	**D**	**U**	**R**	**H**	**Ü**	K	A
M	U	H	F	Z	W	O	P	I	**H**	**A**	**R**	**H**	M	**R**
A	N	**F**	**E**	**H**	**L**	**E**	**R**	**L**	E	**H**	**H**	**L**	U	**O**
H	Z	**B**	U	**S**	U	**B**	Ü	**E**	**A**	**M**	**E**	Ö	**R**	**H**
L	A	**E**	K	**T**	N	**A**	M	**H**	**H**	**E**	**I**	P	**U**	**R**
Z	**H**	**F**	**L**	**U**	P	**H**	E	**R**	**N**	**N**	**T**	S	**H**	D
E	**U**	**E**	**O**	**H**	V	**N**	L	**E**	**U**	T	A	**U**	**E**	F
I	**H**	**H**	**H**	**L**	**K**	**A**	**H**	**N**	**N**	E	N	**H**	I	W
T	**N**	**L**	**N**	A	**M**	**E**	**H**	**L**	**G**	M	O	**R**	N	G

waagerecht: Zahl, Mohn, Gefahr, Ohr, Bohne, Wohnung, Fahne, Sohle, Fahrrad, Fehler, Kahn, Mehl (12 Nomen)

senkrecht: Zahn, Kohl, Wahl, Schuh, Gefühl, Wahrheit, Rahmen, Mahlzeit, Rohr, Lehre, Befehl, Stuhl, Bahn, Ahnung, Ruhe, Huhn, Lohn, Uhr (18 Nomen)

halbfett → neu geregelte Wörter
/kursiv → weiterhin gültige Varianten
(...) → bisherige Schreibungen, die nach 2005 entfallen

Seite 14 *Fallgruppe: Dehnungs - h; (Übung 2)*

Mit oder ohne h?

1. Im Frühling blühen die Bäume.
2. Ich fühle mich viel wohler, wenn die Sonne scheint.
3. Hier fehlt ein Buchstabe!
4. Der Schwan schwimmt auf dem See, der Wal lebt im Meer.
5. Christoph hat die Wahl gewonnen.
6. Wahrscheinlich war die ganze Aufregung überflüssig.
7. Der kühle Lehm ist äußerst angenehm.
8. Im Zirkus ist der kleine Floh ganz froh.
9. Julian hat ein schönes Bild gemalt.
10. Die Kaffeebohnen müssen noch gemahlen werden.
11. Wo ist nur meine Schere? Ich will nämlich die Paketschnur durchschneiden!
12. Kannst du mir ein gutes Buch empfehlen?
13. Die Ware muss noch bezahlt werden.
14. Was du mir erzählt hast, ist gar nicht wahr!
15. Kannst du mir noch einmal verzeihen? Ich war einfach zu dämlich!
16. Jan strahlte vor Freude, als Oma ihm einen Geldschein ins Sparschwein steckte.
17. Beim Picknick setzten wir uns ins Gras, obwohl es ziemlich nass war.
18. Warum stöhnst du so? So schwer war die Übung doch gar nicht!

Seite 15 *Fallgruppe: b / p (auch: Groß- und Kleinschreibung)*

Berta und Paul

Mein Opa Paul arbeitete früher als Ober in der Bar des Opernhauses. Dort musste er abends einen Schlips tragen, obwohl er eigentlich gar keine Krawatten mag. Er beobachtete immer gern das elegante Publikum. Über seine aufregenden Erlebnisse könnte er bestimmt ein Buch schreiben.

Einmal, es war im Monat April, fing er sogar einen Dieb, der einer hübschen Dame die Brieftasche rauben wollte. Schnell packte mein Großvater den Ganoven und hielt ihn fest, bis die Polizei kam. Der Wachtmeister sprach Paul ein großes Lob aus!

Die Dame war von Pauls Heldentat so begeistert, dass sie ihn zur Belohnung in ihr Lieblingslokal einlud. Paul durfte sein Leibgericht bestellen: Kalbsbraten mit Erbsen und viel Knoblauch!
Im darauf folgenden Herbst haben die beiden dann den Bund fürs Leben geschlossen.

Wenn Oma Berta und Opa Paul heute im Park spazieren gehen oder auf einer Bank sitzen, reden sie am liebsten über alte Zeiten und neue Kochrezepte.

(150 Wörter)

Seite 16 *Fallgruppe: d / t*

d oder t?

1. Morgen werden wir zum Baggersee radeln, denn wir wollen dort baden.
2. Meine Badetasche ist ganz sandig.
3. Das Flugzeug wird gleich landen.
4. Während unserer Reise sahen wir viele Wälder und Seen.
5. Der freundliche Förster erzählte uns abenteuerliche Geschichten.
6. Der Falke Felix ist ein friedliches Tier.
7. Der mutige Junge bekam eine Medaille aus Metall.
8. Diese alten Bilder sind sehr wertvoll.
9. Das Gericht sprach den Einbrecher schuldig.
10. In deinem Zimmer sieht es nicht sehr ordentlich aus; überall liegen deine Kleidungsstücke herum.
11. Onkel Ortwin hat ein rundes Gesicht.
12. Benni betrachtete mitleidig das kranke Meerschweinchen.
13. Unsere geduldige Lehrerin sieht sehr jugendlich aus.
14. Herr Grün schreibt gern mit bunter Kreide.
15. Wir raten dir besser aufzupassen.
16. Das Ratespiel war sehr lustig.
17. Nun können wir die Übung endlich beenden.

Seite 17 *Fallgruppe: d / t*

d oder t?

1. schuldig - die Schuld
2. jugendlich - die Jugend
3. mitleidig - das Mitleid
4. wertvoll - der Wert
5. ordentlich - die Ordnung
6. sandig - der Sand
7. freundlich - der Freund
8. mutig - der Mut
9. abenteuerlich - das Abenteuer
10. geduldig - die Geduld
11. lustig - die Lust
12. rund - die Runde
13. friedlich - der Frieden
14. radeln - das Rad
15. beenden - das Ende
16. baden - das Bad
17. raten - der Rat
18. landen - die Landung, das Land

halbfett → neu geregelte Wörter
/kursiv → weiterhin gültige Varianten
(...) → bisherige Schreibungen, die nach 2005 entfallen

g oder k?

1. Der Zwerg Zerwie verlief sich im Zwergenwald.
2. Der Korken der Flasche ist aus Kork.
3. Anfangs wollte ich die Übung gar nicht erst anfangen.
4. Ich bin klug, denn der Klügere gibt nach!
5. Karl singt sehr laut, obwohl er gar nicht singen kann.
6. Hier stinkt es! Woher kommt bloß dieser Gestank?
7. Kerstin kauft sich einen Ring, der sehr gut zu ihren anderen Ringen passt.
8. Die Jäger gehen auf die Jagd.
9. Den Merksatz sollst du dir merken!
10. Der Betrüger konnte gleich nach dem Betrug verhaftet werden.
11. Susi Super hat schon wieder gesiegt; für ihre Siege hat sie schon viele Pokale bekommen.
12. Ich habe nur noch wenig Taschengeld, obwohl ich weniger als im letzten Monat ausgegeben habe.
13. Dank des neuen Lenkers lässt sich das Fahrrad wieder ganz leicht lenken.
14. Sei endlich ruhig! Du gönnst mir aber auch keine ruhige Minute!
15. Wenn Sie jetzt links abbiegen, sehen Sie die Zoohandlung gleich auf der linken Straßenseite.
16. Die Flugzeuge fliegen in den Süden.
17. Diese Burg gefällt mir besser als die anderen Burgen.
18. Herr Habicht ist ein strenger Lehrer; heute hat er mich wieder ganz streng angeschaut.
19. Meine Hobbys sind Volkstanz und Völkerball.
20. Die erfolgreiche Schauspielerin erhielt einen Preis für ihre vielen Erfolge.
21. Ich weiß, was du denkst, denn ich kann Gedanken lesen!
22. Diesen Pfennig werde ich Patrick schenken, denn er sammelt Pfennige.
23. Alles, was du geschrieben hast, ist hoffentlich richtig, denn sonst musst du die Sätze jetzt berichtigen.

Seite 19 *Fallgruppe: z / tz*

Das fetzige Schulfest

Im Dezember des letzten Jahres hatten sich die Schulsprecherinnen Annika und Steffi durchgesetzt. Das Kollegium der Schule war endlich mit der Durchführung eines Schulfestes im Februar einverstanden. Die Weihnachtsferien sollten für das Sammeln von guten Ideen genutzt werden.
Nach den Ferien wurden die besten Vorschläge ausgewählt. Natürlich wollten alle tanzen, also musste jemand die Aufgabe des Diskjockeys übernehmen. Dominik erklärte stolz, dass das genau das Richtige für ihn sei. Tinas Tante stiftete Brötchen und Brezeln aus ihrer Bäckerei, die Metzgerei Huber spendierte Würstchen und die 5a kaufte Kerzen für die Teestube. Die Eltern sorgten für Getränke und Salate. Die Party wurde ein voller Erfolg! Dies war nicht zuletzt der 5c zu verdanken, die ein witziges Theaterstück aufführte. Herr Müller, der Klassenlehrer, hatte sich als Prinz verkleidet, der von Patrick, dem Medizinmann, entführt wurde.
In der Werkstatt bot die 6b ihre selbst gemachten Holzfiguren zum Verkauf an. Dort wurde auch das Gehen auf Stelzen geübt. Im Klassenraum der 6e gab es Spielmünzen zu gewinnen, die am Getränkestand eingetauscht werden konnten. Allerdings war das Bestimmen der Pflanzen und Pilze, die die Kinder den Besuchern auf Bildern zeigten, gar nicht so einfach!
In der Disko war wenig Platz und eine solche Hitze, dass alle ordentlich ins Schwitzen gerieten. Die Glatze des eifrig tanzenden Kunstlehrers Kaminski glänzte wie blank poliert! Plötzlich wurde Marvin ganz schlecht, denn er hatte zu viel durcheinander gegessen. Der anwesende Arzt Dr. Heilsam riet ihm zu einem kurzen Spaziergang an der frischen Luft.
Bei der Purzelbaumolympiade in der Sporthalle, die mit Matratzen ausgelegt war, gewann Nadine. Die Sportlehrerin Frau Hurtig setzte ihr den Siegeskranz auf. Am Abend halfen alle beim Aufräumen und beim Putzen der Pausenhalle, die doch recht schmutzig geworden war.
Nach diesem gelungenen Fest motzte darüber aber niemand!

(290 Wörter)

halbfett → neu geregelte Wörter
/*kursiv* → weiterhin gültige Varianten
(...) → bisherige Schreibungen, die nach 2005 entfallen

Tennis mit Dennis

Dennis schleppt sich mit letzter Kraft in seine Dachkammer. Er ist vollkommen geschafft. Schrill scheppern die Wasserflaschen und die Balldosen in seiner Sporttasche, die er achtlos auf den Teppich fallen lässt. Matt, aber glücklich wirft er sich auf sein Bett und rollt sich in seine Steppdecke. Er starrt an die Decke und kann es immer noch nicht fassen: Er, Dennis Teibreek, hat gewonnen! Der Beifall der Zuschauer, die in der hellen Halle das Spiel gebannt verfolgt hatten, klingt ihm noch in den Ohren. Bei der Siegerehrung konnte Dennis nur noch stammeln, denn niemals hätte er geglaubt, dass er Leo Longlein, die Nummer eins der Rangliste seines Vereins, besiegen könnte! Kurt Kross, der immer etwas grimmig wirkende Trainer, hatte Dennis´ Talent erkannt und die Übungseinheiten in den letzten Wochen verdoppelt. Während des spannenden Spiels zitterte der sonst so coole Kurt angespannt auf seinem Klappstuhl, aber seine Hoffnungen wurden nicht enttäuscht.

Dennis rannte so schnell wie nie zuvor und seine Stoppbälle ließen Leo nur noch nach Luft schnappen. Nach dem entscheidenden Spiel, das Dennis mit einem donnernden **Ass** (As) beendete, löste sich die Spannung und eine Welle der Begeisterung schwappte durch die Halle. Leo war nur noch ein Schatten seiner selbst und trottete stumm vom Platz. Alle Kinder versammelten sich um Dennis und der kleine Wolli Wonder bat ihn sogar um ein Autogramm!

War das eine Wonne, als Erwin Einstand, der nette Vereinsvorsitzende, Dennis den silbern schimmernden Pokal überreichte!

„Du hast zwar das Match, nicht aber unsere Wette gewonnen", knurrte Kurt grinsend, „wo bleibt mein **Karamellpudding** (Karamelpudding)?" „Die Bestellung wird sofort aufgegeben", lachte Dennis. Doch wo war Leo geblieben?

Er saß auf der Treppe des Vereinshauses und jammerte leise vor sich hin! Dennis setzte sich neben ihn und tippte ihm leicht auf die Schulter. „Hör auf zu schmollen! Wir trinken jetzt zusammen einen Karottensaft und morgen gehen wir schwimmen, okay?"

(309 Wörter)

halbfett → neu geregelte Wörter
/kursiv → weiterhin gültige Varianten
(...) → bisherige Schreibungen, die nach 2005 entfallen

Seite 21 ▶ *Fallgruppe: i / ie*

Setze i oder ie ein!

1. Die Bienen fliegen fleißig von Blüte zu Blüte.
2. Frau Stängel hat heute blaue Farbe auf ihren Augenlidern.
3. Im Reisebüro riet man uns den Urlaub in Spanien zu verbringen, weil dort das Klima prima sei.
4. In unserem Urlaub schien oft die Sonne und es wehte immer eine frische Brise.
5. Ich brauche eine neue Bleistiftmine, ein Lineal und einen Radiergummi.
6. Wie heißt bloß das stachelige Tier, das so niedlich aussieht?
7. Viele friedliche Tiere frieren im Winter.
8. Das kleine Krokodil Kriko traf sich mit dem Tiger Tiggi, dem Kaninchen Kina und dem Biber Bibbi.
9. Die Politiker der Regierung trafen sich zu einer Krisensitzung, um über die Sicherung des Friedens zu diskutieren.
10. Der Diener des Grafen putzte die Stiefel mit Zwiebelwasser, wobei er keine Miene verzog.
11. Der Dieb schlief in einer Ruine.
12. Diese Frisur findest du schön? Du siehst wohl nie in einen Spiegel!
13. Meine Oma hört gern Musik und spielt oft am Klavier ihre Lieblingsmelodien.
14. In der Kantine gibt es heute Mandarinen und Pudding mit Sirup zum Nachtisch.
15. Heute Abend werde ich eine vitaminreiche Apfelsine essen.
16. Meine Mutter tankte vierzig Liter Benzin.
17. Warum riecht es hier so widerlich?
18. Tante Tina hat heute einen wichtigen Termin im Büro.
19. In der Schule hat uns heute Herr Berger etwas aus der Bibel vorgelesen.
20. Du brauchst jetzt noch eine Minute für diesen gar nicht schwierigen Satz und dann werdet ihr die Übung in der Klasse wiederholen.

halbfett → neu geregelte Wörter
/kursiv → weiterhin gültige Varianten
(…) → bisherige Schreibungen, die nach 2005 entfallen

Dreimal hintereinander!

1. Ballettländerspiel	**Balletttänzerin** (1. und 8.)
2. Nussläden	**Nussschokolade** (2. und 12.)
3. Kunststoffturnen	**Kunststofffolie** (3. und 5.)
4. Gewinnplakat	**Gewinnnummer** (4. und 9.)
5. Wettfolie	**Wettturnen** (5. und 3.)
6. Kontrollpapier	**Kontrolllampe** (6. und 14.)
7. Stoffnesseln	**Stofffetzen** (7. und 10.)
8. Fußballtänzerin	**Fußballländerspiel** (8. und 1.)
9. Pappnummer	**Pappplakat** (9. und 4.)
10. Brennfetzen	**Brennnesseln** (10. und 7.)
11. Schrittfahrt	**Schritttempo** (11. und 13.)
12. Rollschokolade	**Rollläden** (12. und 2.)
13. Schifftempo	**Schifffahrt** (13. und 11.)
14. Krepplampe	**Krepppapier** (14. und 6.)
15. Kennsatz	**Kennnummer** (15. und 16.)
16. Schlussnummer	**Schlusssatz** (16. und 15.)

Seite 23 *Fallgruppe: Konsonantenverdreifachung*

Dreimal hintereinander!

1. Sina geht jeden Mittwoch zum Tanzunterricht, denn sie möchte **Balletttänzerin**/*Ballett-Tänzerin* (Ballettänzerin) werden.
2. Im Fernsehen wurde die **Gewinnnummer**/*Gewinn-Nummer* (Gewinnummer) des Hauptpreises vorgelesen.
3. Achtung, spielende Kinder! Hier muss man **Schritttempo**/*Schritt-Tempo* (Schrittempo) fahren.
4. Während der Projektwoche haben wir Blumen aus buntem **Krepppapier**/*Krepp-Papier* (Kreppapier) gebastelt.
5. Lara nähte eine Puppe aus alten **Stofffetzen**/*Stoff-Fetzen* (Stoffetzen) und Jonas malte einen lustigen Clown auf ein großes Pappplakat /*Papp-Plakat.*
6. Nach ihrer gelungenen Übung am Stufenbarren wurde Nicole Siegerin im **Wettturnen**/*Wett-Turnen* (Wetturnen).
7. Beim **Fußballländerspiel**/*Fußball-Länderspiel* (Fußballänderspiel) gewann Argentinien 3:1.
8. Als es dämmerte, schaltete mein Vater das Licht an und zog die **Rollläden**/*Roll-Läden* (Rolläden) herunter.
9. Meine Mutter wickelte den Käse aus der **Kunststofffolie**/*Kunststoff-Folie* (Kunststoffolie).
10. Obwohl der Herd ausgeschaltet ist, leuchtet die **Kontrolllampe**/*Kontroll-Lampe* (Kontrollampe), die die Restwärme anzeigt.
11. Trotz der Hitze hatten wir lange Hosen angezogen um uns vor den **Brennnesseln**/*Brenn-Nesseln* (Brennesseln) zu schützen.
12. Eine **Schifffahrt**/*Schiff-Fahrt* (Schiffahrt) auf dem Rhein bildete den Abschluss unseres Wandertages.
13. Wir schenkten unserer Lehrerin eine Tafel **Nussschokolade**/*Nuss-Schokolade* (Nußschokolade).
14. Der **Schlusssatz**/*Schluss-Satz* (Schlußsatz) deines Aufsatzes ist dir besonders gut gelungen.
15. 008 ist die **Kennnummer**/*Kenn-Nummer* (Kennummer) von Jana Blond, der erfolgreichen Geheimagentin.

halbfett → neu geregelte Wörter
/kursiv → weiterhin gültige Varianten
(...) → bisherige Schreibungen, die nach 2005 entfallen

Seite 24/25 *Fallgruppe: ai oder ei?*

Kreuzworträtsel

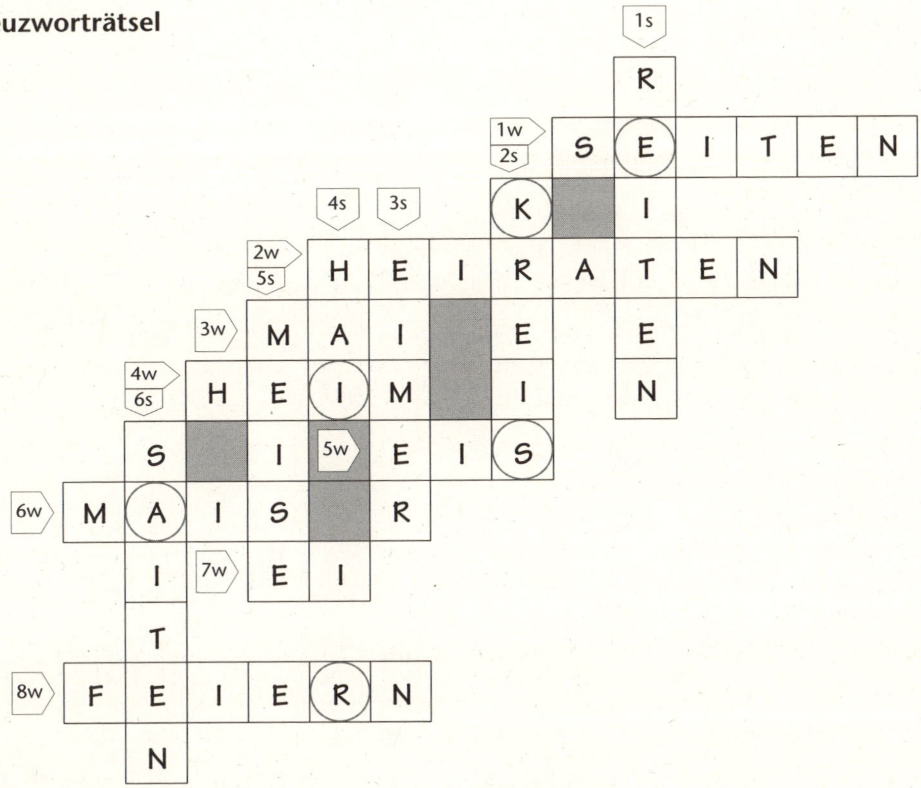

waagerecht:

1. Mein Lieblingsbuch hat 137 Seiten.
2. Unsere Nachbarin wird bald ihren Freund heiraten.
3. Die Hochzeit ist im Monat Mai.
4. Im Sommer werden sie in ihr neues Heim einziehen.
5. Im Winter fahren wir Schlittschuh auf dem Eis.
6. Mein Lieblingsgemüse ist Mais.
7. Sonntags gibt es zum Frühstück ein Ei.
8. In diesem Jahr werden meine Großeltern ihre goldene Hochzeit feiern.

senkrecht:

1. Tina liebt Pferde; einmal in der Woche geht sie zum Reiten.
2. Bei diesem Spiel müssen alle Kinder einen Kreis bilden.
3. Lukas füllt seinen kleinen Eimer mit Wasser.
4. Wo lebt der weiße Hai?
5. Du hast wohl eine Meise? Nein, ich habe einen Wellensittich!
6. Der Gitarrist zupft die Saiten.

Wenn du die umrandeten Buchstaben in die richtige Reihenfolge bringst, erhältst du das Lösungswort.

K A I S E R

halbfett → neu geregelte Wörter
/kursiv → weiterhin gültige Varianten
(...) → bisherige Schreibungen, die nach 2005 entfallen

Seite 26 *Fallgruppe: äu oder eu?*

Kreuzworträtsel

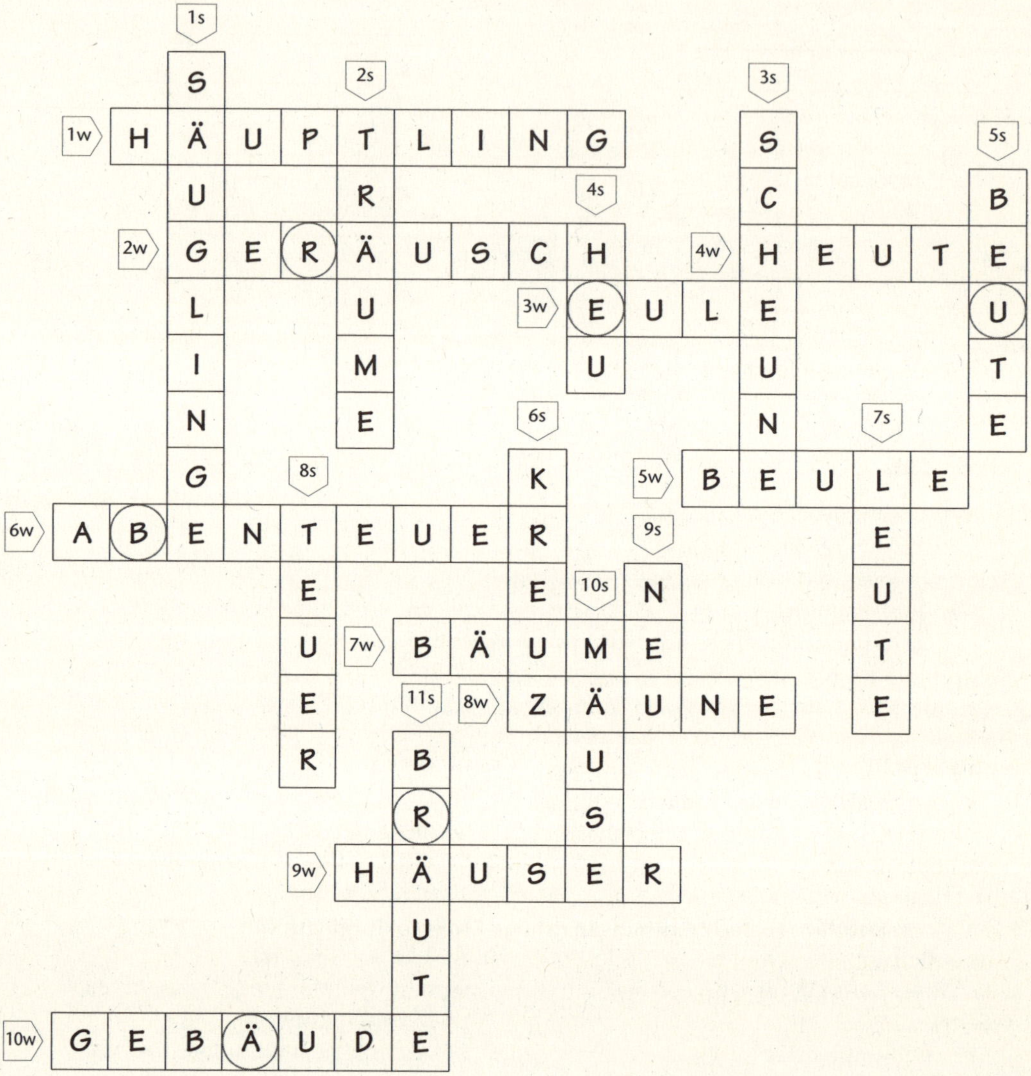

halbfett → neu geregelte Wörter
/kursiv → weiterhin gültige Varianten
(…) → bisherige Schreibungen, die nach 2005 entfallen

 Fallgruppe: äu oder eu?

waagerecht:

1. Die Indianer rufen aufgeregt nach ihrem Häuptling!
2. Sie haben ein verdächtiges Geräusch gehört.
3. Es ist aber nur eine harmlose Eule.
4. Winnie hat heute Geburtstag.
5. Leider hat er eine Beule, weil er gegen einen Ast gelaufen ist.
6. Das Indianerspiel ist für alle Kinder ein tolles Abenteuer.
7. Sie klettern auf die Bäume im Garten.
8. Die Nachbarn schauen etwas verwundert, als Winnie und die anderen über die Zäune springen.
9. Zum Abschluss versammeln sich alle im Zelt; danach gehen die Nachbarskinder wieder in ihre Häuser.
10. Nur Tom muss mit der U-Bahn nach Hause fahren; er wohnt in einem denkmalgeschützten Gebäude in der Innenstadt.

senkrecht:

1. Babys nennt man auch Säuglinge.
2. Gute Nacht und schöne Träume!
3. Unsere Ferien verbrachten wir in einer Scheune.
4. Wir schliefen im Heu.
5. Der Dieb konnte mitsamt seiner Beute gefasst werden.
6. Katrin trägt ein goldenes Kreuz an ihrer Halskette.
7. Auf dem Wochenmarkt waren sehr viele Leute.
8. Diese Buntstifte kaufe ich nicht, denn sie sind zu teuer.
9. Mein Lineal ist nicht alt, sondern ganz neu.
10. Mäuse sind klein, schnell und meistens grau.
11. Gestern gab es im Dorf eine Doppelhochzeit; alle bewunderten die beiden schönen Bräute.

Wenn du die umrandeten Buchstaben in die richtige Reihenfolge bringst, erhältst du das Lösungswort.

R Ä U B E R

Seite 28 *Fallgruppe: Groß- und Kleinschreibung*

Endlich Ferien

In den Ferien hat jeder etwas Besonderes vor: Markus besucht seinen Freund im Harz, Carmen fliegt nach Spanien und Tim fährt an die Ostsee. Nur ich werde dieses Mal zu Hause bleiben müssen, weil meine Eltern sauer auf mich sind. Dabei bin ich im **Großen und Ganzen** (im großen und ganzen) sehr zufrieden mit mir. Wenn ich meine Witze **zum Besten** (zum besten) gebe, lachen sich alle schlapp, im Eis essen bin ich der Größte und mit meinen Freunden gehe ich durch dick und dünn. Außerdem bin ich mit meinen Hausaufgaben immer **als Erster** (als erster) fertig.
Allerdings gab es in meinem letzten Zeugnis nichts Erfreuliches zu lesen. Wieso soll ich denn daran schuld sein, wenn die Lehrer meine Schrift nicht lesen können? Meine Mathelehrerin findet in meiner Arbeit nichts Richtiges und meine Eltern geben ihr auch noch **Recht** (recht)! Das ist wirklich das Schlimmste! Nun muss ich in den Ferien lernen, damit die Großen mit ihrem ewigen Schimpfen endlich aufhören.
Ich werde ihnen den Gefallen tun, denn der Klügere gibt ja schließlich nach!

(167 Wörter)

Seite 29 *Fallgruppe: Groß- und Kleinschreibung*

Gestern **Morgen** (morgen) stand Frau Schlaumeier sehr früh auf. Sie hatte sich etwas Wichtiges für den Vormittag vorgenommen und alles bis ins **Kleinste** (kleinste) geplant. Als **Erstes** (erstes) schlug sie die Tageszeitung auf (,) um sich im **Voraus** (voraus) genau zu informieren. Schnell war sie sich über alles Wesentliche im **Klaren** (klaren) und aufs **Beste**/*beste* vorbereitet.
Als sie in der Stadt ankam, waren die Geschäfte noch geschlossen, doch sie war nicht die **Einzige** (einzige), die an diesem **Montagmorgen** (Montag morgen) vor dem Eingang des Kaufhauses wartete. Die anderen waren ebenfalls auf dem **Laufenden** (laufenden) (,) und jeder **Einzelne** (einzelne) wollte der **Erste** (erste) sein. Schließlich öffneten sich die Türen; Frau Schlaumeier wurde angst und bange, denn **dutzende**/*Dutzende* von Käufern drängten zu den Wühltischen. Mit Hängen und Würgen erreichte Frau Schlaumeier ihr Ziel. Schnell griff sie nach den preiswerten Pullovern, die in Gelb, Blau, Grün und Rot angeboten wurden. Nachdem sie bezahlt hatte, verließ sie schnell das Kaufhaus, denn die **Rohheit** (Roheit) der Schnäppchenjäger hatte ihr doch ein **bisschen** (bißchen) **Angst** (angst) gemacht.

(156 Wörter)

halbfett → neu geregelte Wörter
/kursiv → weiterhin gültige Varianten
(...) → bisherige Schreibungen, die nach 2005 entfallen

Seite 30 *Fallgruppe: Groß- und Kleinschreibung*

Groß oder klein?

Vorgestern **Morgen** (morgen) lernte Lisa etwas Lustiges,
gestern **Nachmittag** (nachmittag) nähte Nina etwas Neues,
gestern **Nacht** (nacht) träumte Tarzan etwas Trauriges,
heute **Vormittag** (vormittag) bastelte Bastian nichts Besonderes,
heute **Mittag** (mittag) rät Robert nichts Richtiges,
morgen **Abend** (abend) wird Willi etwas Wichtiges wiederholen.

Seite 30 *Fallgruppe: Groß- und Kleinschreibung*

Groß- oder Kleinschreibung?

Wenn Malte montags sehr früh aufstehen muss, ist er oft schlechter Laune. Wahrscheinlich ist er unausgeschlafen, weil er am **Sonntagabend** (Sonntag abend) zu lange in seinem aufregenden Geisterbuch gelesen hat. Milch macht ihn jedoch **montagmorgens** (Montag morgens) meistens munter. Er denkt mittags schon wieder an den Abend und freut sich auf das Lesen spannender Geschichten.

halbfett → neu geregelte Wörter
/kursiv → weiterhin gültige Varianten
(...) → bisherige Schreibungen, die nach 2005 entfallen

Seite 31 ▶ *Fallgruppe: Getrennt- oder Zusammenschreibung?*

Getrennt werden oder zusammenbleiben?
Der Liebesbrief (Teil 1)

Stefan entdeckt unter seiner Bank folgenden Brief:

Hallo Stefan,
ich finde dich unheimlich nett und glaube, dass wir gut [1]zueinander passen. Es wäre schön, wenn ich dich noch besser [2]**kennen lernen** (kennenlernen) könnte. Du bist immer so [3]**gut gelaunt** (gutgelaunt); wie gelingt dir das nur? Du kannst dir nicht [4]vorstellen, [5]wie viele Nächte ich [6]stundenlang [7]wach geblieben bin, weil ich immer an dich denken musste. Ich habe Angst, dass ich in diesem Schuljahr [8]**sitzen bleibe** (sitzenbleibe), da ich alles [9]**durcheinander bringe** (durcheinanderbringe). Ich kann einfach nicht mehr [10]klar denken! Du darfst es mir nicht [11]**übel nehmen** (übelnehmen), dass ich dir diesen Brief schreibe. Es ist mir bestimmt nicht [12]**leicht gefallen** (leichtgefallen), aber ich kann einfach nicht mehr [13]ruhig bleiben. Morgen werde ich dir einen Vorschlag machen.
Für heute möchte ich dich [14]freundlich grüßen,
die verliebte Unbekannte.

P.S.: Dieser Brief muss natürlich [15]geheim bleiben, also erzähle niemandem [16]davon!

1) zueinander/passen
2) kennen/lernen
3) gut/gelaunt
4) vor/stellen
5) wie/viele
6) stunden/lang
7) wach/geblieben
8) sitzen/bleibe
9) durcheinander/bringe
10) klar/denken
11) übel/nehmen
12) leicht/gefallen
13) ruhig/bleiben
14) freundlich/grüßen
15) geheim/bleiben
16) da/von

halbfett → neu geregelte Wörter
/kursiv → weiterhin gültige Varianten
(...) → bisherige Schreibungen, die nach 2005 entfallen

Getrennt werden oder zusammenbleiben?
Der Liebesbrief (Teil 2)

Eigentlich findet Stefan den Brief ziemlich albern. Er ist aber [1]trotzdem [2]neugierig geworden und schaut deshalb am folgenden Tag unter seine Bank. Da liegt [3]tatsächlich ein Brief:

Hallo Stefan,
da bin ich wieder. Hoffentlich [4]langweile ich dich nicht! Natürlich könnte ich dich in der Schule [5]ansprechen. Aber ich merke, dass ich immer [6]rot werde, wenn du nur in meine Richtung schaust. Dabei möchte ich so gern mit dir [7]**zusammen sein** (zusammensein)! Wenn du wüsstest, [8]wie viel du mir bedeutest! Das ist mir erst jetzt richtig [9]**klar geworden** (klargeworden).
Ach, ich bin [10]vollkommen mutlos. Ich denke dauernd darüber nach, wie wir [11]**zueinander finden** (zueinanderfinden) können. Darum mache ich dir nun den folgenden Vorschlag: Wenn du magst, könnten wir heute zusammen [12]**spazieren gehen** (spazierengehen). Dann werde ich auch das Gedicht [13]aufsagen, das ich nur für dich [14]auswendig gelernt habe. Du wirst mich doch nicht etwa [15]auslachen? Bitte komme um 15.00 Uhr zum Marktplatz. Ich werde pünktlich [16]**da sein** (dasein). Du [17]erkennst mich an meinem blauen T-Shirt.
Bis dann,
die [18]aufgeregte Unbekannte.

1) trotz/dem
2) neugierig/geworden
3) tat/sächlich
4) lang/weile
5) an/sprechen
6) rot/werde
7) zusammen/sein
8) wie/viel
9) klar/geworden
10) voll/kommen
11) zueinander/finden
12) spazieren/gehen
13) auf/sagen
14) auswendig/gelernt
15) aus/lachen
16) da/sein
17) er/kennst
18) auf/geregte

halbfett → neu geregelte Wörter
/kursiv → weiterhin gültige Varianten
(...) → bisherige Schreibungen, die nach 2005 entfallen

Seite 33 *Fallgruppe: Getrennt- und Zusammenschreibung*

Getrennt werden oder zusammenbleiben? Der Liebesbrief (Teil 3)

Nun muss Stefan [1]erst einmal [2]nachdenken. Was soll er tun? Er könnte um 15.00 Uhr am Marktplatz [3]vorbeigehen. [4]Irgendwie interessiert es ihn schon, welches Mädchen ihm die Briefe geschrieben hat. Vielleicht Judith? Oder Anna? [5]**Genau genommen** (Genaugenommen) könnte es auch Miriam sein... Er muss es einfach [6]herausfinden! Im Notfall kann er ja immer noch schnell [7]weglaufen.
Punkt 15.00 Uhr ist er am Marktplatz. Weit und breit ist niemand [8]zu sehen.
Plötzlich hört er ein lautes Gebrüll. Was soll denn das bedeuten? Das ist ja wohl nicht [9]zu fassen! Markus, Oliver und Tim springen hinter dem Denkmal hervor - alle tragen [10]**blau gestreifte** (blaugestreifte) T-Shirts! Stefan ist so verblüfft, dass er wie angewurzelt [11]stehen bleibt.
„Na, der Streich ist uns ja [12]gut gelungen", jubelt Oliver.

1) erst/einmal
2) nach/denken
3) vorbei/gehen
4) Irgend/wie
5) Genau/genommen
6) heraus/finden
7) weg/laufen
8) zu/sehen
9) zu/fassen
10) blau/gestreifte
11) stehen/bleibt
12) gut/gelungen

Seite 34 *Fallgruppe: Getrennt- und Zusammenschreibung*

[1]Irgendwie seltsam

Dauernd will [2]**irgendjemand** (irgend jemand) [3]**irgendetwas** (irgend etwas) von mir. Wenn ich aber [4]irgendwann [5]irgendwem meine Meinung sage, gibt es meistens Krach. [6]Irgendwen scheine ich immer zu verärgern. Ist da [7]irgendwo [8]irgendwer, der mir das erklären kann? Wenn du mir [9] irgendwelche Ratschläge geben kannst, dann schreibe mir bitte [10]irgendwohin!

1) Irgend/wie
2) irgend/jemand
3) irgend/etwas
4) irgend/wann
5) irgend/wem
6) Irgend/wen
7) irgend/wo
8) irgend/wer
9) irgend/welche
10) irgend/wohin

halbfett → neu geregelte Wörter
/kursiv → weiterhin gültige Varianten
(...) → bisherige Schreibungen, die nach 2005 entfallen

Seite 35 *Groß oder klein? Getrennt oder zusammen?*

1. Auf deinem Stuhl sollst du **gerade sitzen** (geradesitzen).
2. Diese Übung wird dir bestimmt **leicht fallen** (leichtfallen).
3. Welche Wörter werden hier wohl nicht **kleingeschrieben** (klein geschrieben)?
4. Deine **gut gemeinten** (gutgemeinten) Ratschläge haben mir wirklich geholfen.
5. Du sollst auf jeden Fall **hier bleiben** (hierbleiben)!
6. Für unseren leckeren Früchtetee brauchen wir **kochend heißes** (kochendheißes) Wasser.
7. Das kleine Missgeschick musst du doch nicht so **schwer nehmen** (schwernehmen)!
8. Wir wollen doch nicht im Streit **auseinander gehen** (auseinandergehen)!
9. Unser Lehrer scheint heute etwas **schlecht gelaunt** (schlechtgelaunt) zu sein.
10. Wann beginnen bloß endlich die **heiß ersehnten** (heißersehnten) Ferien?

halbfett → neu geregelte Wörter
/kursiv → weiterhin gültige Varianten
(…) → bisherige Schreibungen, die nach 2005 entfallen

Seite 36 *Fallgruppe: Zeichensetzung*

Jetzt kommen Kommas!

1. Karsten hatte Kevin**,** Patrick**,** Dennis**,** Tina**,** Franziska und Carmen eingeladen.
2. Wir machten eine Schnitzeljagd **(,)** und abends aßen wir Pizza.
3. Wenn du mir nicht glaubst**,** was ich dir erzählt habe**,** kann ich dir auch nicht helfen.
4. Ich bin abends überhaupt nicht müde**,** sondern hellwach.
5. Ich wusste nicht**,** dass du so schlau bist!
6. Frau Globus**,** unsere Erdkundelehrerin**,** wird morgen die Klassenarbeit zurückgeben.
7. Meine Eltern verreisen sehr gern**,** zum Beispiel nach Italien oder nach Frankreich.
8. Ein fröhliches Lied pfeifend **(,)** radelte Oliver zum Gemeindehaus**,** das für das Kinderfest geschmückt werden sollte.
9. Er trat kräftig in die Pedale **(,)** um nicht zu spät zu kommen.
10. Die Kinder beschlossen **(,)** eine Karnevalsfeier zu veranstalten.
11. Marco wird nicht kommen können**,** weil er erkältet ist.
12. Meine Mutter fragt**,** ob wir einen Kuchen backen wollen.
13. Darüber freue ich mich sehr**,** denn ich habe einige gute Kuchenrezepte.
14. Danach muss ich meine Hausaufgaben machen**,** obwohl ich dazu keine Lust habe.
15. Das Telefon klingelt **(,)** und ich nehme den Hörer ab.
16. Hallo Bianca**,** hast du etwa schon alle Hausaufgaben gemacht?
17. Es ist nicht ganz einfach**,** alle Kommas richtig einzusetzen.
18. Der Lehrer**,** der gerade in den Klassenraum der 6a geht**,** hat heute Geburtstag.
19. Die Kinder schenken ihm einen Blumenstrauß**,** weil er immer so nett und verständnisvoll ist.
20. Er legt viel Wert darauf**,** den Kindern alles genau zu erklären**,** damit sie für die Klassenarbeit gut vorbereitet sind.
21. Die Übung**,** die du gleich beenden kannst**,** wird anschließend in der Klasse besprochen.
22. Eure Lehrerin oder euer Lehrer wird euch erklären**,** welche Kommaregeln für die einzelnen Sätze gelten.

Seite 37 *Fallgruppe: Zeichensetzung; Anführungszeichen*

Nur nicht aufregen!

Herr Habicht schimpfte: *„Stimmt es***,** *dass du deine Hausaufgaben vergessen hast***,** *Anna?"* *„Ich habe es gestern einfach nicht mehr geschafft***,** *weil meine Oma Geburtstag hatte und ich vorher noch einkaufen musste"***,** stammelte Anna ängstlich. *„Na gut***,** *wenn du sie mir morgen zeigst***,** *ist alles in Ordnung!"***,** antwortete Herr Habicht versöhnlich. *„Wie soll ich das alles bloß schaffen?"***,** fragte Anna nach der Stunde ihre Freundin. *„Morgen schreiben wir doch die Mathearbeit* **(,)** *und zum Handballtraining muss ich heute auch noch gehen!" „Reg´ dich nicht auf"***,** erwiderte Patricia gelassen**,** *„nach deinem Training kommst du zu mir* **(,)** *und wir üben gemeinsam für die Arbeit."*

halbfett → neu geregelte Wörter
/kursiv → weiterhin gültige Varianten
(...) → bisherige Schreibungen, die nach 2005 entfallen

Seite 38 *Fallgruppe: Worttrennung*

Rätselsilben

Pro – We – sel – the – Kat – El – U – te – ber – Zu – tern – cker – sen – ter – blem – sche – Schüs – A – Fes – Schwimm – gramm – ter – ze – Ei – cke – O – ke – meis – De – po – Pflas – Wä – bahn – fer – cker – Pro

1.	Mama und Papa sind es:	El-tern
2.	Das klebt man über eine kleine Wunde:	Pflas-ter
3.	Der klingelt am Morgen:	We-cker
4.	Damit kannst du fahren, wenn du eine Fahrkarte hast:	Ei-sen-bahn
5.	Wenn du schlafen willst, schlüpfst du darunter:	De-cke
6.	Dahin schwimmst du, wenn du lange genug im See gebadet hast:	U-fer
7.	Damit werden Speisen gesüßt:	Zu-cker
8.	Dieser Mann bedient dich im Restaurant:	O-ber
9.	Die Fernsehzeitung informiert dich darüber:	Pro-gramm
10.	Man soll sie feiern, wie sie fallen:	Fes-te
11.	Er hat die Oberaufsicht im Hallen- und im Freibad:	Schwimm-meis-ter
12.	Kein Hund, sondern ein anderes Haustier:	Kat-ze
13.	Wenn du es nicht hast, kannst du dich freuen:	Pro-blem
14.	Die Suppe wird darin serviert:	Schüs-sel
15.	In diesem Geschäft kann man beispielsweise Hustensaft kaufen:	A-po-the-ke
16.	Dahin kommen deine Socken, wenn sie schmutzig sind:	Wä-sche

Seite 39 *Fallgruppe: Worttrennung*

Beispiel:

	Bei/spiel	Bei-spiel
1.	Käsekuchen	Kä-se-ku-chen
2.	Hitze	Hit-ze
3.	Hausaufgaben	Haus-auf-ga-ben
4.	Wasserflasche	Was-ser-fla-sche
5.	Jugendzeitschrift	Ju-gend-zeit-schrift
6.	Bahnfahrkarte	Bahn-fahr-kar-te
7.	Wespe	Wes-pe
8.	Donnerstag	Don-ners-tag
9.	Endstation	End-sta-ti-on
10.	Wanderstiefel	Wan-der-stie-fel
11.	Rückenschmerzen	Rü-cken-schmer-zen
12.	Abend	A-bend
13.	Bäcker	Bä-cker

Seite 40 *Fallgruppe: s / ss / ß*

1. Mein kleiner Hase
   hat eine süße Nase.
2. Schnell ritt der Prinz auf seinem Ross
   voll Freude heim zu seinem **Schloss** (Schloß)
3. Marylin, die kleine Meise,
   begibt sich bald auf eine weite Reise.
4. Hunde aller Rassen
   sausten durch die engen Gassen.
5. Jetzt wird es Zeit für eine Rast,
   rief der Matrose oben auf dem Mast.
6. Heute fahren wir zum Haus am Fluss,
   dort gebe ich dir einen dicken **Kuss** (Kuß).
7. Ich lief vergnügt über die Wiese,
   da stand plötzlich vor mir ein Riese.
8. Wir werden heute nicht vergessen
   zum Nachtisch unser Eis zu essen.
9. Die Übung soll dich nicht verdrießen,
   gleich kannst du auch dein Pausenbrot genießen.
10. Als ich auf der Terrasse saß,
    sah ich, dass Bello meine Blumen fraß,
    wahrscheinlich machte ihm das auch noch Spaß!

Seite 41 *Fallgruppe: Konsonantenverdoppelung*

Konsonantenverdoppelung
Detektiv Detlef Donner bittet dich um deine Mithilfe!

Der wertvolle Schmuck der Gräfin Konso wurde gestohlen. Donner verdächtigt den stadtbekannten Dieb Enno, doch er kann ihm nichts beweisen. Im Gestrüpp hinter der Villa entdeckte Detlefs Spürhund soeben einen geheimnisvollen Zettel.

Hallo Otto,
dein **Tipp** (Tip) war ein Volltreffer! Wie gut, **dass** (daß) du dich als Gitarrenlehrer in die Villa einschmuggeln konntest. Beim nächsten Mal **musst** (mußt) du aber die bissige Dogge besser ablenken. Meine einzige Hose ist zerrissen! Hier nun aber die Stelle unseres Treffpunktes: Komme am Donnerstagmittag zu dem alten Pferdestall hinter den Pappeln. Unter der Regentonne führt eine verfallene Treppe in ein schlammiges Kellerloch. Keine Angst vor den vielen Ratten! Unter einer Eisenplatte liegt die Schmuckschatulle. Ich habe sie in einige alte Felle und Lappen eingerollt. Falls ich geschnappt werde, weißt du nun Bescheid. Ich hoffe, du hast alles unter Kontrolle. Nur nicht schlappmachen! Bringe die Briefmarkensammlung mit!

E.

halbfett → neu geregelte Wörter
/*kursiv* → weiterhin gültige Varianten
(...) → bisherige Schreibungen, die nach 2005 entfallen

Seite 42 *Fallgruppe: Groß- und Kleinschreibung*

Morgendliche Müdigkeit

Das frühe Aufstehen fällt vielen Kindern montags etwas schwer. Vielleicht liegt das manchmal daran, dass das Wochenende recht anstrengend war und das doch so wichtige Ausruhen ein bisschen zu kurz gekommen ist. Dafür gibt es aber meistens etwas Neues im Gesprächskreis zu erzählen. Die einen haben einen Ausflug in die nähere Umgebung unternommen und dabei allerlei Sehenswertes entdeckt, andere haben Sport getrieben oder etwas Interessantes im Fernsehen gesehen. Gelegentlich wird die unterrichtsfreie Zeit auch zum Lernen und Üben für eine bevorstehende Klassenarbeit genutzt. Es kommt auch ab und zu vor, dass unsere sonst so muntere Lehrerin **montagmorgens** (Montag morgens) nicht ganz ausgeschlafen wirkt. Lautes Rufen und albernes Kichern kann sie dann überhaupt nicht vertragen. War sie möglicherweise am **Sonntagabend** (Sonntag abend) im Kino oder haben ihre Kinder nachts keine Ruhe gegeben?
Falls sie die abendlichen Stunden mit dem Korrigieren unserer Diktate verbrachte und sich noch spätabends über unsere Rechtschreibfehler geärgert hat, ist ihr blasses Aussehen durchaus verständlich.

(153 Wörter)

Seite 43 *Fallgruppe: gemischt*

Ein Brief an den Nachbarn

Sehr geehrter Herr Besenstiel,
heute **muss** (muß) ich mich leider bei Ihnen beschweren. Es fällt mir nicht leicht, Ihnen diesen Brief zu schreiben, aber mir bleibt nichts anderes übrig.
Halten Sie mich vielleicht für dumm? Dann **muss** (muß) ich Sie darauf hinweisen, **dass** (daß) das ein großer Irrtum ist.
Im **Allgemeinen** (allgemeinen) bin ich sehr friedlich, aber nun ist das Maß voll. Der Lärm, der seit einer Woche abends aus Ihrer Wohnung schallt, ist wirklich unerträglich.
Wenn ich an Ihrer Tür klingele, öffnet mir niemand. Ihr Telefon scheint gestört zu sein, denn es ist ständig besetzt.
Hören Sie überhaupt noch etwas? Vielleicht sollten Sie einmal zum Ohrenarzt gehen.
Dies ist ein **gut gemeinter** (gutgemeinter) Hinweis. Sie können sich darauf **gefasst** (gefaßt) machen, **dass** (daß) ich beim nächsten Mal die Polizei rufe.
Diese Ankündigung ist **ernst gemeint** (ernstgemeint). Meine Geduld ist endgültig zu Ende!

Das müssen Sie doch einsehen! Für heute grüße ich Sie überhaupt nicht herzlich.

Ihr Nachbar Kurt Klein

(152 Wörter)

halbfett → neu geregelte Wörter
/kursiv → weiterhin gültige Varianten
(...) → bisherige Schreibungen, die nach 2005 entfallen

Seite 44 ▶ *Fallgruppe: Laut-Buchstaben-Zuordnung*

Für jedes Wort soll ein Reimwort gefunden werden. Die passenden Wörter sind in der Wortschlange auf Seite 45 im Arbeitsheft – allerdings nicht in der richtigen Reihenfolge!

Beispiel:

Hast – Last

Zahl – Wahl
Runde – Stunde
Seite – Pleite
Gardine – Sardine
Nummer – Kummer
Wut – Mut
Lohn – Sohn
Kakadu – Känguru
Klee – See
Meise – Reise
Mängel – Stängel
Hose – Rose
Wand – Hand
Raub – Staub
Haus – Laus

Katze – Matratze
Leute – Beute
Hitze – Witze
Stolz – Holz
Watte – Matte
Brise – Krise
Hai – Mai
Mappe – Klappe
fliegen – siegen
sehen – gehen
denken – schenken
kratzen – platzen
schreiben – bleiben
nutzen – putzen
klagen – fragen

fallen – knallen
beenden – senden
singen – klingen
pflanzen – tanzen
froh – roh
friedlich – niedlich
blau – rau
richtig – wichtig
hässlich – grässlich
krank – blank
nämlich – dämlich
sehr – mehr
rostig – frostig
klein – fein
rund – gesund

Regelparade

Seite 46 *Das merke ich mir!*

Vorschläge zur Vervollständigung der Regeln:

A Kuss
Ass
Fluss
blass
wissen

Ich schreibe **ss**, wenn ich nach einem kurzen Vokal einen stimmlosen s-Laut höre.

B Straße
Floß
gießen
fleißig
bloß

Ich schreibe **ß**, wenn ich nach einem langen Vokal oder einem Diphtong (Doppellaut) einen stimmlosen s-Laut höre.

C Rasen
Besen
lesen
reisen
niesen

Ich schreibe **s**, wenn ich nach einem langen Vokal oder einem Diphtong (Doppellaut) einen stimmhaften s-Laut höre.

D Kiste
Knospe
Maske
festlich
meistens

Ich schreibe **s** in Verbindung mit t, p und k.

E Gans – Gänse
Maus – Mäuse
er hasst – hassen
sie reist – reisen
es reißt – reißen

Wenn ich unsicher bin, suche ich ein verwandtes Wort, z. B. die Pluralform eines Nomens oder den Infinitiv einer Verbform.

Seite 47

F Das Diktat, das wir heute geschrieben haben, war nicht schwer. Das stimmt genau! Ich glaube, dass ich keinen Fehler gemacht habe.

Ich schreibe **„das"**, wenn ich „dieses", „welches" oder „jenes" einsetzen kann (Artikel, Relativpronomen oder Demonstrativpronomen). Ich schreibe **„dass"**, wenn das Wort nicht ersetzbar ist (Konjunktion).

Seite 48 *Das merke ich mir!* *Vorschläge zur Vervollständigung der Regeln:*

G	das Rad – radeln der Rat – raten krank – der Kranke klug – klüger der Tipp – tippen das Lob – loben die Räume – der Raum platzieren – der Platz	Bei gleich klingenden Lauten kann ich die richtige Schreibweise herausfinden, wenn ich verwandte Wörter (Verlängerungen, Ableitungen) suche.
H	Ich lerne jeden Tag etwas Neues. Das Springen vom Beckenrand ist verboten. Wir waren gestern Morgen im Zoo. Am Sonntagmorgen habe ich lange geschlafen. Alles Gute zum Geburtstag! Er wusste als Erster die Lösung.	Großgeschrieben werden Nomen; Verben, Adjektive und Zahlwörter können als Nomen gebraucht werden.
I	glücklich sein fertig sein zusammen sein zurück sein	Getrennt geschrieben werden alle Verbindungen mit dem Verb „sein".
J	spazieren gehen liegen bleiben stehen lassen kennen lernen	Getrennt geschrieben werden alle Verbindungen aus zwei Verben.
K	laut/lauter reden klar/ganz klar sehen leicht/sehr leicht fallen gut/besser aussehen übrig lassen freundlich grüßen spöttisch grinsen	Getrennt geschrieben werden Verbindungen aus einem Adjektiv und einem Verb, wenn das Adjektiv gesteigert oder erweitert werden kann oder wenn es auf -ig, -lich, -isch endet.

Der Anhang enthält zehn Diktate (S. 36-41), die diktiert oder als Partnerdiktate für die Schülerinnen und Schüler kopiert werden können.
Die Diktate haben unterschiedliche Schwierigkeitsgrade, die sich in Länge und Anzahl der Rechtschreibfälle ausdrücken.
In der Diktierversion sind die Fälle genau so markiert wie im vorderen Teil des Lehrerbandes.

Kängurus (Känguruhs), Kakadus und andere Tiere (Teil 1)

Gestern **Morgen** (morgen) machte Lars das frühe Aufstehen überhaupt nichts aus. „Heute wird es bestimmt tierisch heiß", sagte er zu seiner Mutter. „Du kannst dich freuen, **dass** (daß) du bei dieser Affenhitze nicht in der Schule sitzen **musst** (mußt)", antwortete sie fröhlich. Eine Stunde später stand Lars vor dem Eingang des Zoos. Frau Föhn, die Klassenlehrerin der 6b , begrüßte die Kinder und führte sie durch das Tor. Alle rasten sofort zur Streichelwiese, nur Lars fand das nicht lustig. „Die Lämmer sehen doch **belämmert** (belemmert) aus", rief er. Da war Frau Föhn aber ganz anderer Meinung: „Ich weiß ja, **dass** (daß) du ein Bücherwurm und eine Leseratte bist, aber **dass** (daß) du auch frech wie ein Spatz sein kannst, das ist mir neu!"

(112 Wörter)

Kängurus (Känguruhs), Kakadus und andere Tiere (Teil 2)

Lars wollte gern die rosaroten Flamingos betrachten. „Die sitzen ja auf einem **Stängel** (Stengel)", staunte er. „Quatsch", kicherte Kirsten, „du hast aber wirklich keine Ahnung! Komm mit, wir gehen zu den Haien!" Lars verdrehte die Augen, denn er **wusste** (wußte) natürlich, welche Tiere Kirsten meinte. Alle Kinder wollten die **Delfine**/*Delphine* **fotografieren**/*photographieren*, die gerade gefüttert wurden.
Dann ging es zum Affenhaus. Zwei große Affen hielten sich an den Händen. Das kleinste Äffchen schwang sich **behände** (behende) auf einen Ast. „Oh, ist der niedlich," rief Simone **überschwänglich** (überschwenglich).

(81 Wörter)

halbfett → neu geregelte Wörter
/kursiv → weiterhin gültige Varianten
(...) → bisherige Schreibungen, die nach 2005 entfallen

Kängurus (Känguruhs), Kakadus und andere Tiere (Teil 3)

Im Raubtierhaus wurden Löwen, Tiger und **Panter**/*Panther* bewundert. Das Tigerbaby mit seiner kleinen Schnauze begeisterte die ganze Klasse. Plötzlich **musste** (mußte) sich Meike laut **schnäuzen** (schneuzen). Da fauchte die Tigerin gefährlich! Zum **Schluss** (Schluß) durften die Kinder ihre Lieblingstiere besuchen. Lars lief zu den Lamas, Simone suchte die Seelöwen (,) und Gesa ging zu den Gnus. Kirsten konnte die Kakadus leider nicht finden. Kevins Lieblingstiere sind Kühe, aber die gibt es natürlich nicht im Zoo. Darum besuchte er mit Benni die Beuteltiere. **Dass** (Daß) damit die **Kängurus** (Känguruhs) gemeint sind, ist ja wohl allen klar.

(87 Wörter)

So ein Rummel! (Teil 1)

Schon seit Tagen freute ich mich auf den **Sonntagnachmittag** (Sonntag nachmittag), denn meine Eltern hatten mir erlaubt (,) mit Stefan und Lena zum Festplatz zu gehen. Noch vor dem Betreten der Wiese sahen wir das große Festzelt, das mit bunten Wimpeln geschmückt war. Das Lärmen und Rufen der Losverkäufer war überall zu hören.
„Das **Beste** (beste) ist, wenn wir uns erst einmal stärken", meinte Stefan und holte sich gleich eine große Portion Pommes frites mit **Majonäse**/*Mayonnaise* und **Ketschup**/*Ketchup*. Lena und ich wollten zuerst lieber etwas Süßes. Wir entschieden uns für ein leckeres **Spagettieis**/*Spaghettieis* mit Sahne. Danach **musste** (mußte) Lena unbedingt etwas Herzhaftes essen. Wir staunten, als sie mit einem Fischbrötchen und einer Cola zurückkam. „Na, hoffentlich wird dir nicht schlecht", bemerkte ich.

(117 Wörter)

halbfett → neu geregelte Wörter
/kursiv → weiterhin gültige Varianten
(...) → bisherige Schreibungen, die nach 2005 entfallen

So ein Rummel! (Teil 2)

Nach diesem **Imbiss** (Imbiß) zogen wir zu den Karussellen. „Das ist doch nur etwas für **Babys** (Babies)", fand Lena, „**lasst** (laßt) uns lieber die tolle Achterbahn ausprobieren! Das ist doch etwas Aufregenderes!" In diesem Moment stieß Stefan mit einem grauhaarigen Herrn zusammen. „Kannst du nicht aufpassen, du **Tollpatsch** (Tolpatsch)?", rief dieser erbost. Stefan murmelte schnell eine Entschuldigung. Beim Weitergehen hörten wir noch das Brummen des Grauhaarigen. Vor der Achterbahn schauten wir dem unaufhaltsamen Sausen und Rasen zu. Ich bekam ein **bisschen** (bißchen) Angst, aber das wollte ich natürlich nicht zugeben. Schließlich kletterten wir in einen engen Wagen und warteten auf das Startsignal. Beim Flitzen über die Bahnen wurde mir ziemlich flau im Magen!

(108 Wörter)

So ein Rummel! (Teil 3)

Als wir wieder festen Boden unter den Füßen hatten, fiel Stefan und mir auf, **dass** (daß) Lena ganz grün im Gesicht war. Das Grün **passte** (paßte) überhaupt nicht zu ihrem blauen Pullover! „Was hat denn die Arme?", grinste Stefan. Wortlos verschwand Lena in einem kleinen Häuschen mit der Aufschrift ‚Damen'. „Du hast **Recht** (recht) gehabt", flüsterte sie mir zehn Minuten später ins Ohr, „das Fischbrötchen war **zu viel** (zuviel) des Guten!"
Wir folgten Stefan zur Losbude. „Ich habe den Hauptgewinn gezogen!", rief uns der Glückliche entgegen. Er hielt ein riesiges lila Stofftier mit einer Knubbelnase im Arm. Ein Blick auf die Uhr zeigte uns, **dass** (daß) Beeilung angesagt war (,) um pünktlich zum Abendessen wieder zu Hause zu sein.
„Oh nein, redet bloß nicht vom Essen", rief Lena erschrocken.

(123 Wörter)

halbfett → neu geregelte Wörter
/kursiv → weiterhin gültige Varianten
(...) → bisherige Schreibungen, die nach 2005 entfallen

Wie der Flohmarkt zu seinem Namen kam (Teil 1)

„Irgendwie geht das so nicht mehr weiter", sagte Frau Floh eines Abends zu ihrem Mann. „Bei uns steht so viel herum, **dass** (daß) wir gar keinen Platz mehr haben", jammerte sie. „Du hast **Recht** (recht)", meinte Herr Floh erschöpft. Nachdem er über einige alte Lampen, mehrere staubige Bücher und zahlreiche Holzfiguren geklettert war, lag er endlich in seinem Bett. Im Laufe der Zeit hatte sich bei der Familie Floh vieles angesammelt, was niemand mehr brauchte. Die Sachen waren aber eigentlich zu schön (,) um auf dem Sperrmüll zu landen.

(93 Wörter)

Wie der Flohmarkt zu seinem Namen kam (Teil 2)

Am nächsten Morgen sprachen Mama und Papa Floh mit ihrem Sohn über das Problem. Florian hatte die rettende Idee! „Was haltet ihr davon, die Sachen zu verkaufen ?", fragte er fröhlich. Am Samstag stellten Florian, seine Eltern und die kleine Florentine alles auf einen großen Tisch vor ihrer Haustür. Schnell waren die Lampen, Bücher und Figuren verkauft, denn die Neuigkeit hatte sich sofort im Dorf herumgesprochen. Nach diesem Erfolg beschlossen die Flöhe in der Nachbarschaft (,) ihre Schränke zu leeren und sich immer am Wochenende auf dem Marktplatz zu treffen.

(95 Wörter)

Ein Brief an den Tierarzt

Lieber Doktor Hasenfuß,
ich schreibe Ihnen diesen Brief, weil ich ein großes Problem mit meinem kleinen Mops habe. Er **frisst** (frißt) so gern Gips! Das bekommt ihm aber gar nicht gut. Ich habe schon **alles Mögliche** (alles mögliche) ausprobiert (,) um ihm diese sonderbare Vorliebe abzugewöhnen. Doch meinen **selbst gebackenen** (selbstgebackenen) Kuchen lehnt er ab (,) und Obst mag er überhaupt nicht. Neulich **musste** (mußte) ich den Klempner holen, weil Fips den **Abfluss** (Abfluß) der Badewanne mit Gips verstopft hatte. Das war mir schrecklich peinlich! Ich hoffe, **dass** (daß) Sie mir einen guten Rat geben können. Bitte antworten Sie mir schnell, denn ich bin ziemlich verzweifelt.

Mit freundlichen Grüßen,

Ihr Hubert Pflaumenbaum

(108 Wörter)

halbfett → neu geregelte Wörter
/kursiv → weiterhin gültige Varianten
(...) → bisherige Schreibungen, die nach 2005 entfallen

Das Diktat

Schlecht gelaunt (Schlechtgelaunt) kroch Katja aus ihrem Bett, nachdem der Wecker bereits zum dritten Mal geklingelt hatte. Eigentlich wollte sie heute überhaupt nicht zur Schule gehen. „Ich glaube, mir ist ein **bisschen** (bißchen) schlecht", sagte sie leise zu ihrer Mutter, die gerade das Frühstück machte. „Das glaube ich dir nicht **im Geringsten** (im geringsten)! **Genau genommen** (Genaugenommen) willst du dich nur vor dem Diktat drücken", antwortete die Mutter gnadenlos. Diese **Rohheit** (Roheit) konnte Katja nicht begreifen. Stumm schlürfte sie ihren **heiß geliebten** (heißgeliebten) Tee. „Du bist doch ein **Ass** (As) in der Rechtschreibung", meinte Katjas Mutter aufmunternd, „und außerdem hast du **gestern Abend** (gestern abend) alles Wichtige wiederholt!" In ihrer **Fantasie**/*Phantasie* hatte Katja sich bereits ausgemalt, **dass** (daß) das Diktat aus allen möglichen Gründen ausfallen könnte. Als Katja mittags nach Hause kam, strahlten ihre Augen wie **blank poliert** (blankpoliert). „Na, war Frau Föhn etwa krank?", fragte die Mutter. „Nein", rief Katja **gut gelaunt** (gutgelaunt), „aber das Diktat war gar nicht schwierig! **Heute Morgen** (Heute morgen) war ich wirklich viel zu ängstlich!"

(156 Wörter)

halbfett → neu geregelte Wörter
/kursiv → weiterhin gültige Varianten
(...) → bisherige Schreibungen, die nach 2005 entfallen

Schreibungen, die in der Übergangszeit noch gültig sind, werden mit einer blauen Schlangenlinie markiert.
Die neuen, ab 2005 allein richtigen Formen werden am Rand aufgeführt.
Selbstverständlich werden diese Fälle nicht als Fehler bewertet.
Bei zulässigen Doppelformen, die auch nach 2005 ihre Gültigkeit behalten, z. B. selbstständig/selbständig, gilt jede von beiden Möglichkeiten als richtig.
Ein Hinweis auf die nicht verwendete Form kann zu Übungszwecken erfolgen, z. B. durch eine gepunktete Linie.